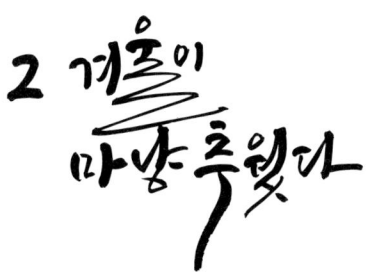

신아출판사

작가의 말

맨손으로 총부리를 막아서고,
맨몸으로 탱크를 막아서는 시민들의 용기에
정신이 번쩍 들었다.

폭설이 내리고 강풍이 부는 그 추운 밤을 기꺼이
길거리에서 은박지 한 장으로 견뎌낸 시민들,
봉쇄 수도원을 열어서 꽁꽁 언 시민들의 손발을 녹이며
편히 쉴 수 있는 공간과 따뜻한 차를 아낌없이 내어주는
그 크고 아름다운 사랑.
이제야 사랑이 무엇인지 조금 알 것 같다.

그 겨울이 마냥 추웠지만 춥지 않은 따뜻한 기억.
행여 부족한 나의 시 한 줄이 위로가 될 수 있다면
그것으로 조금의 빚을 갚는 길이 아닐까 생각한다.

2025년 여름을 보내며
이 혜 옥

차례

1부 얼마나 사무치는 그리움이길래

마음 여행 · 10 / 붕어가 빵이 되어 · 11

물소리에 · 12 / 울 엄마 · 14 / 행복 · 15

AM 12:00 그리고, · 16 / 선잠 · 17 / 노을 · 18

파스 · 20 / 화살나무 · 22 / 꽃의 시간 · 23

포용, 차라리 · 24 / 간이역 · 25 / 용서 · 26

소쩍새 · 28 / 기억의 강 · 30 / 듣다 · 31

윤회 · 32 / 이팝나무꽃 · 34 / 폭설 · 36

죄와벌 · 38 / 늪 · 39 / 삶 · 40

2부   한참동안 행복했다

무지개 · 44 / 나무여 · 45

그 겨울이 마냥 추웠다 · 46 / 잘가요 그대여 · 47

노래가 나그네를 탄다 · 48 / 창문 · 50 / 그 겨울에 · 51

감정을 다치게 할 권리는 없습니다 · 52

경계 어디쯤엔가 · 53 / 길 · 54 / 콘서트 · 56

이사 · 58 / 그대를 보내고 · 59 / 인생 · 60

무더위 · 62 / 비자나무 · 63 / 첫눈 · 64 / 이별 · 66

풍경 한 컷 · 67 / 빙하가 녹아내리는 것처럼 · 68

청둥오리 떼 · 70 / 멋진 날 · 71

생명의 강 · 72 / 바람의 길 · 74

3부   그림처럼 평화롭고 고운

하늘이 참 예뻐요 · 76 / 엄마의 시간 · 77

소유 · 78 / 징검다리 · 79 / 오월의 아침 · 80

홀로 지는 것 같아도 · 81 / 은혜로운 · 82

길 위에서 · 84 / 목울대를 타고 오르던 울음 · 85

자작나무 · 86 / 안개 그리고, 잠기다 · 87

그 여름 매미가 · 89 / 먹이에 진심 · 90

소망 · 91 / 첫눈을 지웠다 · 92 / 돌 · 93

탄핵 · 95 / 그 겨울의 따뜻한 온도 · 96

길고양이 · 97 / 데일듯 뜨거웠던 햇살이 · 98

숲속 · 100 / 정녕 · 101 / 동고비 · 103

십일월 풍경 · 104 / 버리지 못한 걱정 · 105

4부   어디서 와서 어디로 가는 것일까

민들레 꿈 · 108 / 너를 지우며 · 109

옛생각 · 110 / 버려야 하는 것 · 111 / 기도 · 112

하루종일 비가 내려요 · 115 / 그곳엔 · 116

본능 · 117 / 사람과 나무의 행간 · 119 / 남천 · 120

누군가 올 것 같아서 · 121 / 상처 · 122

삶의 겨울 · 123 / 저 멀리 비행기가 날아간 · 125

다시, 바람이 분다 · 127 / 다시, 가을 · 128

빈집 · 129 / 바다의 기억 · 130

눈이 내려 준다면 · 132 / 겨울 호숫가 · 134

시월의 새벽 · 135 / 습지 · 136 / 공간 · 138

1부 얼마나 사무치는 그리움이길래

마음 여행

그렇게 어려운 일이었을까
옆을 보며 산다는 일이
참 오랜 시간을 돌아왔구나

불안장애라는 복병을 만날 때까지
쉴 시간 없이
무엇을 향해 그리 열심히 달렸던 것일까
등 떠밀어 무엇을 얻어낸 것일까

옆을 볼 줄 모르는 습관이 길러낸 번 아웃

잘 견디며 잘 살아냈다 인생아

붕어가 빵이 되어

길 저쪽 모퉁이 리어카에서
오뎅국물이 끓고 몸을 뒤집었다 엎었다
연못을 헤엄치던 붕어가 빵이 되어
거역할 수 없는 추억의 냄새가 코끝에 닿는다

김이 모락모락 피어나는
따끈따끈하고 살맛 나는 삶

깊은 겨울 어느 날 단속을 피해
골목길을 기웃거리며 몸살을 앓다가
연못으로 돌아갔다는 소식을 들었다

12 소리에 귀 기울여 보세요

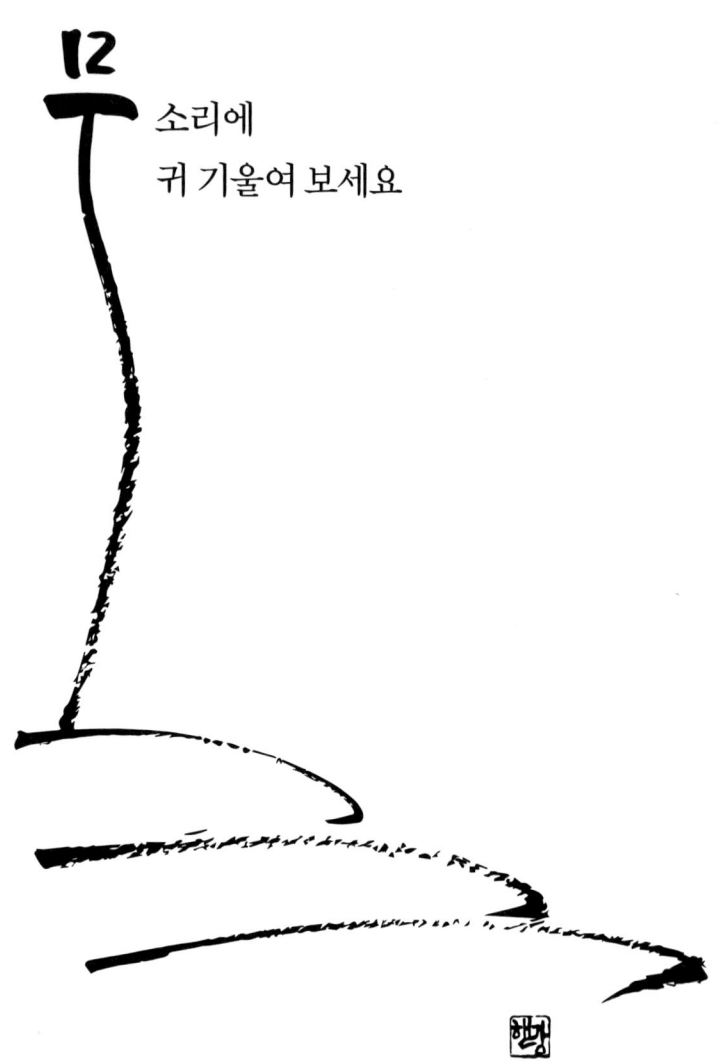

우리네 인생처럼

울다가

웃다가

졸졸졸

노래하며

흐른답니다

울 엄마

품어주던 가슴이 아직은 따숩고
손끝에 음식 냄새가 남았는데
낯선 곳, 낯선 환경으로 등 떠밀어 놓고

밥풀을 꾸역꾸역 숨구멍에 밀어 넣으며
누구나 다 그렇게 산다고
연장된 생명 탓이라고
구차한 변명을 늘어놓았는데

전화만 드려도 고맙다고 하시는
울 엄마
어쩌라고 자꾸 야위어 가시는 겁니까

행복은 언제나
내 곁을 지키고 있었으나
욕심의 눈에 가려
보이지 않았을 뿐이다

그 겨울이
마냥 추웠다

AM 12:00 그리고,

잠들어야 하는 시간이면서 잠들지 못하고
잠들고 싶지 않으면서 잠들어야 하는
경계 어디쯤엔가

어제가 오늘에게 오늘이 내일에게
미련 없이 넘겨 줘야 하는 그 시간

거역할 수 없는 경계 그 어디쯤에선가
좌절과 희망이
삶과 죽음이 엇갈리는 다른 듯 닮은

움켜쥐었던 욕심을 내려놓는 무아의 시간

선잠

어제 꾹 눌러 마신 커피 때문이었을까
그리움 때문이었을까
아님, 미움 때문이었을까
하잘것없는 생각으로 꽉 채운 밤

꿈인 듯 생시인 듯 잠꼬대처럼 속삭였다
사랑에 빠졌던 것일까

막걸리 한 잔에도
볼이
빨갛게
달아오르시던
아버지
웃고 계신다

곁에서

자상하게

삶의

마디마디를

어루만지며

통증을 달래준다

전생에 엄마였을까

화살나무

누가 쏘아 올린 외사랑이길래
가슴에 꽂히지 못하고 지천을 떠돌다
다시 내려앉는 것일까

과녁을 뚫어야 하는 숙명
빗나가고 무뎌진 날을 갈아
수만 번 다시 쏘아 올려야 하는
얼마나 사무치는 그리움이길래

한 줄기 바람에도 몸을 떨며
가장 아름다운 순간에 낮은 자세로
곱고 날카롭게 빛나는 화살이여

꽃의 시간

꽃을 피우는 것이 아픈 거라면
이른 철에 숨어 피워내는 삶은
얼마나 처절했을까

아무리 몸부림쳐도 인간의 이기심이 만들어 놓은
이상기온의 굴레에서 벗어날 수 없어
어쩌다 남보다 먼저 피어 꽃잎 속에
모습을 감춰야 하는가 가여운 꽃이여

된서리에 몸을 떠는
외롭고 쓸쓸한 생존의 몸부림
그 시간은 또 얼마나 아픈것일까

포용, 차라리

그렇게 쉽게 떠날 줄 알았더라면
말없이 그냥 안아줄 것을

긁힌 상처에서 피가 나고
덧이 나는 동안 외로움과 싸웠을
그 고독한 곳에 내가 없었다

미안하다
너의 손을 그만 놓치고 말아서

간이역

아버지가 지금의 내 나이였을 때
앞만 보고 달리는 직행 열차 같았다

속도를 내기 위해 암막 커튼으로 가리고
옆을 보지 않으려고 친구까지 밀어내며
고독한 길을 쉼 없이 달리셨는데
진정으로 후회한 적 없으셨을까

한숨 돌리니 그 길에 서 있다
사느라 말동무도 되어 드리지 못했던
아버지의 애틋한 삶의 이력이 담긴 간이역

마음 비우면 된다구요?

눈 한번 질끈 감으면 된다구요?

글
쎄
요

용서를 말할 자격은 없는데
너무 아파서
꺼낼 수 없게 가슴 깊은 곳에
숨겨 놓았답니다

소쩍새

해는 뉘엿뉘엿 지고
산그늘은 동네 가까이 내려앉는데
오일장에 가서
돌아오지 않는 엄마를
까치발로 기다리다가
소쩍새 울음에 그만
나도 따라 울었지

기억의 강

살면 살아진다고 했던가요
살아지겠지요
살아도 산 것 같지 않은 고통으로
하루가 여삼추 같은 형벌 속에서

심해 저 밑바닥에 가라앉은 슬픔을 본 적 없으니
아들 잃은 어미의 마음을 알 것 같다거나
어줍잖은 위로는 감히 하지 않기로 했어요

마음 잡지 못해 기억의 강을 허우적거릴 때마다
짐승처럼 울부짖는 소리
타는 울음
울 음

듣다

재잘재잘 들리는 개구리 울음소리에
잠이 들고
몇 번의 장맛비 소리에 잠 깨는 지리한 여름

갈대숲에 숨어든 때까치 소리
꿈을 태우고 내달리는 비행기

사라지는 것에 대한
다가오는 것에 대한
단순하게 깊이 듣게 되는 삶의 잡음들

정겹다

안녕하세요

수억의 시간을 돌고 돌아
지금 막
칠월과 아쉬운 작별을 하고 온 팔월입니다만,

목이 쉬어버린 매미와
그악스러운 삶을 살다가
구월을 만나기 위해

또 다른 이별을 준비해야 하는
영원한 나그넵니다

이팝나무

이팝나무 꽃

따뜻한
아랫목에
담요로 덮여
김이
모락모락
피어오르던
아버지의
하얀 쌀밥

폭설

지우고 있다
길을
다시는 돌아올 수 없게

흩날리는 눈발
쉬었다가 또다시

다시 지우고,
지우고 돌아서서

사람이 있나 보다
꼭 지워야만 하는

죄와 벌

마음 파먹는 줄 모르고

벌레 같은 화를 키웠더니

때로 때때로

삶이

화끈거린다

늪

희망이 흐를 수 있을까
아무리 둘러봐도 길이 보이지 않는다
헤어나올 수 없는 지독한 사랑처럼

상처 하나쯤 견디며 사는 것이
훈장처럼
질척거리는 기억들이 빛난다

부유물처럼 떠다니는 절망이라 할지라도
밀어내지 않고 서로 끌어당기는 이곳에서
한 생을
몸 붙여 마음 붙여 사랑하며 살아보련다

애쓰며 사느라
빼앗긴 체온
햇빛에 잘 달궈진
돌의자에 앉아

삶

아—
따сс스습니다

애쓰며 사느라
빼앗긴 체온
햇빛에 잘 달궈진
돌의자에 앉으니

아 ——
따숩다

2부 한참동안 행복했다

무지개

인생의 무지개가 있다면 저런 모습일까
서리 내린 머리에 굽은 등으로
키보다 더 높은 무게를 이겨내며
고통과 번민 꾹꾹 눌러 리어카에 싣고
어둠이 내리는 길 위로 당당하게
삶을 이끌고 나가는 다부진

마른 모습 위로 흘러내리는
눈이 부시도록 반짝이는
보석 같은 땀방울을 보았다

나무여

늘 그렇게 아픔을 들 마시고 있었구나
이미 사람들에게 허락해버린 삶의 한 구간
얇아진 표피에 거칠게 드러난 힘줄
뻣뻣한 스틱이 혈관을 툭툭 건드릴 때마다
몸을 움츠리며 피가 거꾸로 솟는 아픔을 참았지

비바람이 주위를 쓸어갈 때도
눈보라가 휩쓸고 지나간 그 황량한 시간도
불평 없이 자신을 내어주었지
휴식기를 허락하고 싶지 않은 발걸음들을 위해서

묵묵히 참아낸 고통이 저토록 강하고
건강한 푸르름으로 우뚝 솟은 것일까
나무여

그 겨울이 마냥 추웠다

이태원 좁은 골목에서
인사도 없이 훌쩍 떠나간
유난히 반짝였던 159개의 별

허무함 때문이었을까

끓어 오르는 분노를 잠재우려는 듯
펑펑 쏟아내던 폭설
진한 그리움에 몸서리치며

잊지 않고 기억하겠다고 포효하던
그해 겨울이 마냥 추웠다

잘
가
요

그대여

안녕.

그 겨울이
마냥 추웠다

노래가
그네를
탄다

호수가 보이는 언덕에
사방이 금계국에 묻혀
노래가
그네를 타고 있는데
언제 왔는지
까치 한 마리
꼬리를 흔들면서

쿵작작 쿵작작
왈츠 리듬을 탄다

귀여운 녀석

창문

늘 같은 표정으로 움직이지 않고
때론 거만해 보이는 저 창문을 열어야 한다

열리지 않는 문은 그저 배경일 뿐
당장 희망이 오지 않는다 해도
허구의 손짓이었을지라도
순환되어 서로 위치가 바뀌고
희망이 좌절하지 않게

저 창을 수없이 두드리다가
누군가는 희망을 접고
누군가는 절망을 접는다

그 겨울에

휘몰아치는 눈 폭풍 위에서
홀로 서 있기도 힘든 골목길을 더듬어

다 식어버린 음식을
가슴으로 데우며

길 한쪽으로 미끄러지듯 사라지는 오토바이

감정을 다치게 할 권리는 없습니다

마스크로 차단벽을 세우고 생사를 넘나드는
긴장으로 숨죽인 서울의 어느 대학병원
간단한 질문을 건넸을 뿐인데
눈에 마스카라로 힘만 잔뜩 준 여인들이
내려보며 쐐기보다 따갑게 쏘아댄다

지독하게 아팠다
바이러스에 전염된 사람처럼 열이 솟았다

그 누구에게도
사람의 감정을 다치게 할 권리는 없다고
퍼렇게 멍든 마음이 소리치고 있었다

경계 어디쯤엔가

바람을 가로지르며
곡예사처럼 재주를 넘어
배달 오토바이가
쫓기는 시간 게임에 승차했다

거리를 바람처럼 훑고 지나가는
숨 가쁜 삶의 현장

절망과 희망 사이
어디쯤엔가 오고 있을 희망을 기다리며

한 치도 물러설 수 없는
생生의 낭떠러지를 아슬아슬하게 건넌다

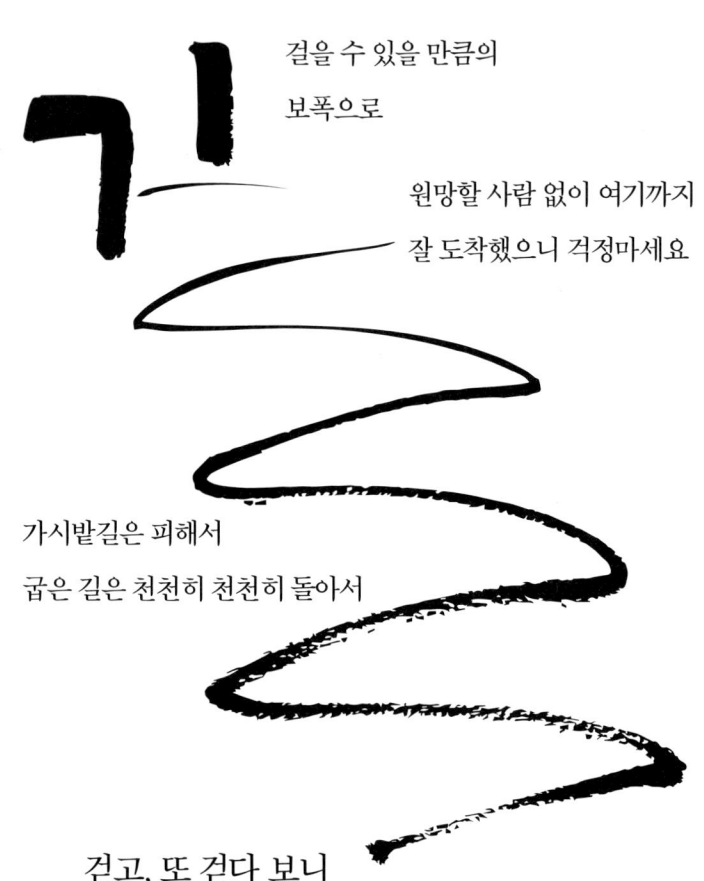

걸을 수 있을 만큼의
보폭으로

원망할 사람 없이 여기까지
잘 도착했으니 걱정마세요

가시밭길은 피해서
굽은 길은 천천히 천천히 돌아서

걷고, 또 걷다 보니

행복이란 길을

알 것도 같습니다

단 한번의 만남으로
익숙한 사람들처럼
자물쇠를 열어
무방비로 받아들이고
자물쇠를 잠궈 놓았다

그때의 기억
그때의 여운만으로도
한참
행복했다

이사

떨어질 것 같은 한 장의 종이가 펄럭인다
불이 꺼진 지 오래되었는지 음습한
"임대문의" 연락할 곳은……

가족의 미래를 걸었을 꿈의 조각들이
먼지처럼 허공에 매달려 있다

희망에 찬 웃음이 번지던
한때의 행복한 삶이 위태롭게 흔들리는데

주인 잃은 젖은 상자만 쪼그리고 앉아있다

그대를 보내고

하루종일 바람이 불었다
손톱 밑에 붙은 미련까지 다 지우고서
차라리 잘된 일이라고 마음 다독이며
그대를 보내고 돌아서는 길

새벽달도 멀어지고
그리움의 목울대

얼마를 더 견뎌야 끝이 보이는 것일까

어떤 것일까

구순을 훌쩍 넘기고
고맙다는 말을
달고 사시는 울 엄마
어색한 질문에는
웃음으로 대신하는 여유가
별처럼 반짝인다

상상이나 해보셨을까
백세의 삶을

무더위

칠월에 접어들자 기다렸다는 듯이
하얗게 솟은 구름 기둥이
가까이 내려앉아 불을 뿜기 시작했다

타는 시간이 지나고 밤이 되자
거짓말처럼 하늘이 맑고 평화롭다
굳이 이웃 나라에 별을 보러 가지 않아도
별이 빛나는 밤을 보여주다니

아름답고 곱게 빛나는 밤을 위해
또 얼마나 뜨거울 것인가

비자나무

넉넉한 품을 내어주며 더불어 살아가는
우리를 부러워하지
서로의 목소리, 서로의 꿈이 한데 어울려
한없이 뻗어 나갈 수 있는
그런 울타리를 보며
사람들은
아름답다고 해

목소리 낮춰서 서로 보듬어 안아주는 것
오늘은 네가 조금 더 큰 목소리로 답하고
내일은 내가 너의 휴식이 되어주는 일
참 멋진 삶이야

너와 나 우리는

그대가 첫눈 다녀간 후 행복보너스가 쌓였습니다

그대가
다녀간 후
행복보너스가
쌓였습니다

이별

가을을 보내기 싫어서
이름 모를 풀꽃들과 헤어지기 싫어서
밤이 서둘러 오는 들녘의 햇살을 담아
구석구석에 가득 채워 놓았다

혹독한 겨울을 견뎌내기 위해서
비스듬히 창문을 통해 들어오는 햇빛을
겨울눈처럼 가슴에 말아 두었다

풍경 한 컷

까치가 통통 튀어
앞서 걷다가
가로등 위로
   훅
날아가서 풍경이 되었다

까치는 알고 있었다
가로등에 앉아만 있어도
시선이 멈춘다는 것을

빙하가
녹아내리는 것처럼

조각난 구름
떠도는 것을 보니
이제 곧 더위가
   시

   작

   되

   려

   나

   보

   다

청둥오리 떼

자유롭게 떠다니던 오리떼가
얼음을 깨기 위해서
서로 체온에 체온을 더한다

동그랗게 모여서 어깨를 내어주며
서로 의지해야 한다는 것을
본능적으로 알고 있다

어쩌다 그중 한 마리 섞이지 못하고
자맥질만 하는 외톨이가 되었을까

배가 고팠을까
외로웠을까

멋진 날

순환되지 못한 부유물 냄새로 가득 찬 하천
하루살이가 극성스럽고 끈질기게 따라붙지만
생각을 바꿨더니
물소리 새소리도 정겨운 이곳은

미라보 다리가 있고
다리 밑에 세느강이 흐르고
세느강변을 거닐며 행복한 꿈을 꾸는
멋진 날의 일기가 되었다

생명의 강

길가에 나뒹구는
금계국을 주워다가
물병에 담아 두었더니
아침에
나를 보고 방긋 웃어준다

생명의 강을 건너며
서로를 바라보는 눈길이
애틋해졌다

바람의 길

대형스크린을 꽉 채우는
광고의 한 장면처럼
갇혔던 바람이 대나무 숲을 마구 흔들어 댄다

졸고 있는 영혼의 구석구석을 훑듯이
요동치며 시선을 빼앗는

하늘과 나무와 바람
행간을 아우르는 카타르시스

3부 그림처럼 평화롭고 고운

하늘이 참 예뻐요

요즘 하늘 올려다본 적 있나요?
그림처럼 평화롭고 고운 하늘이 참 예뻐요

코로나바이러스가 만들어낸
사람과 사람이 격리되고
사람과 기계가 분리되어 멈춰선 일상을

자유롭게 떠가는 구름을 본다거나
하얀 선을 그으며 어디론가 떠나는 비행기,
날아가는 새를 보는 일

하늘을 보며 사는 여유가 행복이 되었지요

엄마의 시간

앨범 한쪽에 앳된 소녀의 모습이 무색하게
녹녹하지 않았던 삶을 말하듯
여기저기 검버섯 내려앉았다

엄마라는 이름으로 입혀진 표창일까

낡은 회전목마에서 뛰어내리지 못하고
돌고 돌아 여기까지 와서
거울 속의 나 아닌 나에게
닳도록 닦아낸 시간을 건넨다

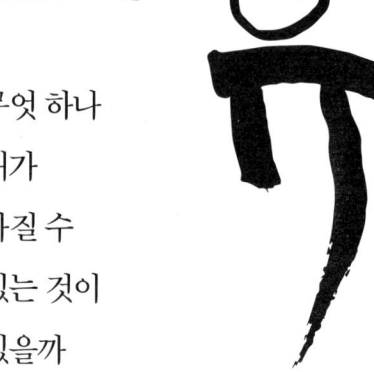

무엇 하나
내가
가질 수
있는 것이
있을까

징검다리

시간과 시간이 연결되어 한 계절이 되고
계절과 계절이 연결되어 한 생이 되는
한고비 한고비를 건넌다

죽을 만큼 힘들어하던 일도
돌아보니 점 하나로 남는 것을

세월의 물살을 견디다 더러는 닳아서
제대로 몸을 가누지 못하는

저 우직한 돌덩이 믿고
지친 나의 발걸음을 얹는다

오월의 아침

창문을 열면

연두를 달고 쑥쑥 자라는 나무

새들의 노랫소리

소박하게 빛나는 날

사랑스럽다

홀로 지는 것 같아도

밤이 홀로 지는 것 같아도
잠들지 못하고 반짝이는 별빛과
그 틈을 지키는 초승달
서로를 의지해서 어둠을 지나고 있다

달무리를 지었다가 구름에 숨었다가
다시 캄캄한 밤의 격랑 속에 잠기는 삶의 소용돌이

홀로 지는 것 같아도
모두 실타래처럼 얽혀
밤이라는 긴 섬을 빠져나가고 있다

은혜로운

오늘도 같은 공간 다른 시간에
당신을 만나러 갑니다

나무들 사이사이
그늘이 유난히 시원스럽고
한 줄기 바람이 상큼해서
평화로운 날

난 알았습니다
평범한 하루에 최대치의 행복을
대여해 주셨다는 것을

길 위에서

외출 나온 지렁이가 돌아가는 길을 잃고
시멘트길 위에서 위험에 노출된 채
구조의 손길을 애타게 기다리고 있다

누구에게나 간절한 생의 골든타임

굴곡진 인생길에서 길을 잃었을 때
안타깝게 굽어보셨을 주님의 마음이 느껴져
아기지렁이를 집으로 돌려보내고
삶의 위안처럼 하늘을 본다

넓고 깊고 고요하고 자애로운 하늘을

목울대를 타고 오르던 울음

차마 내뱉지 못하고
멈춰선 거기

남
모
를

그
리
움
이

자
라
고

있
었
다

그 겨울이
마냥 추웠다

자작나무

나는 너를 훤하게 들여다보고 있었다
창백한 얼굴에 뽀얀 살결
도시에서 살다 온 아이처럼
날씬하게 쭉쭉 뻗은 너의 키

하지만, 커다란 옹이는 어쩌지 못해
너의 아픔을 읽기 시작했다
마음을 빼앗기고도 이루지 못할 사랑처럼
먼발치로만

너와 만남은 언제나 냉기가 돌았다

안개 그리고, 잠기다

밖에서 서성이는 안개를 위해
창문을 활짝 열어 두었는데
우루루 낯선 곳으로 밀려 들어온다

안개가 삼키다 남긴
희미한 가로등 불빛 아래로
서서히 침잠하는 자동차 소음이
식탁에 앉았다가 밖으로 나가고

안개가 가둬 놓은 시간
무엇을 기억해야 하는것일까

그 여름 매미가 그악스럽게 울었다. 살아 있음에 감사하며

그 매미가
그악스럽게 울었다. 살아 있음에 감사하며

먹이에 진심

햇빛에 구워진 새끼 지렁이를 발견한
개미 한 마리가 코를 벌렁거리며
냄새나는 쪽으로 달려들더니
집채만 한 크기가 조금씩 움직인다

어디서 저런 괴력이 나오는 것일까
해지기 전까지 돌아갈 수 있을까

포기하지 않고 끈질기게
알 수 없는 끝을 향해
조금씩 조금씩 걸음을 옮긴다

흔들리는 금계국에

노랑나비가

자꾸

앉으려 한다

꽃이 되고 싶었던 것일까

그 겨울이
마냥 추웠다

첫눈을 지웠다

가로등 사이로 쉴새 없이 퍼붓던 눈은
대체 어디로 다 사라진 것일까

네가 나에게로 왔을 때 너무 귀해서
단단하게 뭉쳐 냉동실에 넣어 놓을까
아니, 하루만 더 바라볼까

하지만, 흔적도 없이 녹아내리는
그런 사랑이었어
한 방울로 남겨진 고독한 사랑

부질없는 희망조차 아예 지워버린

돌

난들 아무 감정 없이
고통도 없이 살았을까

무던하게 견디느라 감정 따위는 숨겨 놓았지
내색하지 않았을 뿐
말문이 막힌 적도 있었지
말이 없다고 놀릴 때마다
꾹꾹 눌러 참으며

다만,
꿈쩍할 수 없는 무게로 더 단단하게
그곳에 남겨졌을뿐

또,

그리고,

그랬기 때문에,
말 이음들의 변명들
하루하루의
삶이 피폐해져
기다리고 기다리던

그래서,

또,
그리고,
그랬기 때문에,
허공을 떠도는 변명들
하루하루의
삶이 피폐해져
기다리고 기다리던

︙

그래서,

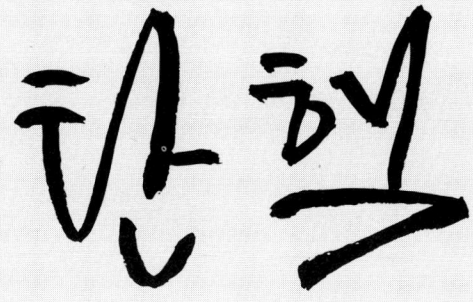

그 겨울의 따뜻한 온도

맨손으로 총부리를,
맨몸으로 탱크를 막아서며
평범한 시민들이 이겼습니다

눈보라 치는 언 땅에서 은박지 한 장으로
봉쇄된 수도원을 열어 시민들을 받아들이고
맨주먹 맨몸으로 그 지독한 추위에
체온과 체온을 나눠 가지며
용감한 시민들이 그 엄청난 일을 해냈습니다

눈물겹도록 따뜻하게 어우러진 삶의 풍경
이 얼마나 아름다운 강인함입니까

길고양이

도시의 뚝방길에 고양이 한 마리
혼자서 유유히 걷다가 물소리에 귀 기울이다
바람에 흐느적거리는 갈대밭을 훑어
갈 곳이 있는 것처럼 서둘러 걷다가
걸음을 멈춰 몸을 핥는다

돌아갈 곳도
반겨주는 이도 없는 외로움이
저런 자유를 누리게 했을까

멈춰 선 자리가 휴식처가 되고
휴식처가 출발점이 되어 먼 곳을 응시하는
길고양이는 삶을 통달했을까

제일듯 뜨거웠던
햇살이
하룻밤 사이에
돌아서 때
왠지
허탈해진다

데일 듯 뜨거웠던
햇살이
하룻밤 사이에
싸늘하게
돌아설 때
왠지
허탈해진다

숲속

좀처럼 속내를 드러내지 않는 저 숲엔
무슨 비밀이 숨어 있길래
질서와 평화가 공존하는 것일까

넝쿨과 넝쿨이 서로 엉켜있어도
약속된 질서처럼 삶의 정화가 계속되어
순환되는 저 숲

생명을 다한 나무가 한쪽으로 비켜서서
어린나무들을 보호하는 희생으로 얻어진
거대한 사랑의 질서
그 안에서 새들은 평화를 노래한다

정녕

사
랑
에

유효기간이 있는 것일까

그 겨울이
마냥 추웠다

동고비

이팝나무 한 잎 보다
더 작은
다가서면
떼를 지어
빠르게
달아나는
귀여운 새

어떡해
난 널
사랑하게 되었는데

동고비

이팝나무 한 잎 보다

더 작은

다가서면

떼를 지어

빠르게 달아나는

귀여운 새

어떡하니

난 널

사랑하게 되었는데

십일월 풍경

파랗게 질린 하늘 한가운데
덩그러니 놓인 달
그림자 친구 만들며 길을 가고 있다

풀벌레 울음소리 한기에 밀어지고
새벽까지 집에 돌아가지 못한
하얗게 질린 달

숨어 우는 내찬 바람결에도
바라보는 풍경마다 애틋한
그림이 되고 시가 된다

버리지 못한 걱정

한두 시간 후에 지혈이 된다는
치과를 다녀와서 좀처럼 멈추지 않는
선홍색 침방울이 부담스럽고 무서웠다

겁에 질려 마구 흔들리는 눈동자
몸속을 빠져나가는 듯한 에너지
새벽이 되어서야 겨우 멈췄다
고작 하루 그 짧은 시간에

삶의 이쪽과 저쪽을 바쁘게 오가며
쓸데없이 고통을 임대까지 해서 쓰다니

4부 | 어디서 와서 어디로 가는 것일까

민들레 꿈

원하는 곳 어디든 훨훨 날아가 보렴
가다가 지치면 쉬어 가고
그래도 힘들면 머물다 가고
꿈을 향해 가는 길
가시밭길이라도 마음 가는 곳 어디든 떠나보렴

동경하던 창 너머의 저 넓은 곳

뿌리내릴 수 있는 곳이라면 어디든
가볍게 훨훨 날아보렴
아직 세상은 넓고 꿈꿀 수 있는 시간도 길다

너를 지우며

살을 파고드는 아픔으로 이름 하나 지웠다
끈적한 혈연을 지운다고 지워질까마는
하고 싶은 말은 다 쏟아냈지만
듣고 싶은 말은 듣지 못한 채 서둘러 등을 돌렸다

선택적 기억의 상처가 커질수록
먼 곳에 있는 희망을 빌려다 썼지만
더 이상의 헛된 기대를 버리기로 했다

절망의 몸부림
그렇게
그림자처럼 따라다니던 너를 지운다

지금은 땅 위에 널부러졌지만 비와 바람이 나를 끌어내리기 전까지는 사랑을 한몸에 받는 아름다운 꽃이었답니다

버려야 하는 것

한 개 정도는 지녀야 할 것 같은 그것
가족의 성화에 핸드백을 사 들고
행여나 상처라도 날까
장롱 속에 고이 모셔놓고
한참 지나서 알게 되었다

함부로 만질 수도 없고
공간도 좁아서
쓰임새 작은 그림 같은 핸드백을 소유하고

남는 것은 납덩이만큼이나 무거운 카드빚

기도

얼룩이 남을지라도
살고 있음에
살아갈 수 있음에
감사하면서
끊임없이
허물을
 닦
  는
   다

하루종일 비

하루종일 비가 내려요

그렇다고
촉촉하게 젖은
제 마음속으로
갑자기

훅
들어오시면
어떡합니까

그 겨울이
마냥 추웠다

그곳엔

삶에 베인 상처가 낙엽이 되고
치유된 흔적이 단풍이 되어
더없이 아름답게 완성되는 가을
더러는 외로움에
더러는 그리움에 약속이나 한 것처럼
은행잎 수북한 숲으로 모여든다

삶의 퍼즐을 맞추려고
누군가 와락 안길 것 같아
추억이 고픈 사람들이 한달음에 달려온다

본능

철새가 사이좋게 놀다가
죽일 듯 달려들어 부리로 쪼아대고
잊을만하면 또다시 모여

자맥질에 시선을 사로잡다가
변덕스럽게 저 멀리 쫓아버린다
예쁘거나 귀여우면 못 참는 것일까
그
러
다
가
꽁꽁 얼음이 얼면
본능적으로 체온과 체온을 나눠 가진다

날개 짓
 오월은
  어느곳이나
   풍경이 된다

사람과
 나무의 행간

사람과 나무의 행간

그 틈을 비집고
참새들의 수다와
귀여운 날개 짓
오월은
어느 곳이나
풍경이 된다

그 겨울이
마냥 추웠다

남천

봄꽃들이 필 때까지 나목 사이사이
울긋불긋 겨울의 꽃이 되어

여리디여린 작은 몸으로
크고 독하게 박힌 옹이를 가슴에 이고
순한 숨 고르며
추울수록 더 붉게 빛나는 나무여

한번 스쳐도 잊지 못할 붉은 열정
단단하게 삶을 지키며
빛나야 할 곳을 찾아서 빛이 나는
전사 같은 나무여

누군가 올 것 같아서

누군가 올 것 같아서
꼭 와야만 할 것만 같아서
약속도 없이 희뿌연 매연을 뿜으며
돌아나가는 버스정거장을 서성인다

떠날 사람도 남을 사람도 없이
텅 빈 의자에 남은 공허
다시 찾아온 정적

언젠가는 돌아오리라
그리고 곧 누군가는
울음이 타는 버스에 오르리라

볼 때마다 아프고
쓰라려서
차라리 접고, 또 접고,
그래도 접어서

하나의 점으로
심연에
넣어
두었답니다

삶의 겨울

잔뜩 화가 난 것처럼 굵은 나뭇가지의 뺨을
사정없이 후려치는 바람
잔가지들도 두려움에 떨고 있다

어디서 날아왔는지 낙엽 한 잎
발밑으로 달려든다
행여 바스락거리며 사라질까봐
가던 길 멈춰 서서
잠시 삶을 생각했다

어디서 와서 어디로 가는 것일까

저멀리 비행기 날아간다

새가 따라 날고
뒤이어 잠자리
따라도
따
라
간
다

다들 어디로 가는 것일까

저멀리 비행기가 날아간다

새가 따라 날고

뒤이어 잠자리

파리도

따

라

난

다

다들 어디로 가는 것일까

그 겨울이
마냥 추웠다

다시, 바람이 분다

바람이
불다해도
때
로
흔들리지 않을
고요를 꿈꾼다

다시, 바람이 분다

바람이 분다 해도
    때
    론
흔들리지 않을
고요를 꿈꾼다

다시, 가을

산책길로 접어들었습니다
낙엽은 여전히 마른 몸을 부대끼며 나뒹굴고
풀숲으로 가만가만 숨어들던 동고비들은
한바탕 날다 또다시 나타나
나뭇가지에 풍경이 되었습니다

당신을 향한 그리움이 사그라진다거나
조금도 지워지지 않은 채
또다시 가을입니다

구름 한 점 없는 맑고 고운 하늘
뚝 길을 걷다가 그만
당신 생각에 풍덩 빠져 버렸습니다

빈집

떠들썩했던 마당은 삶의 겨울이 되자
스산한 바람 불고 더는 온기를 피워 올리지 못했다
나뭇가지를 떠난 나뭇잎이
아무렇게나 나뒹구는 낡고 오래된 집

부지런히 물을 퍼 올리던 펌프는
거칠고 억센 풀밭 속에서
누렇게 녹슨 채 한쪽으로 밀려나
기억을 비워낸 듯 휴면에 든 마당

주인 잃은 문패가 한 생의 빈터에
뛰어놀던 거친 숨소리와 함께 점점
풀숲에 잠기고 있다

바다의 기억

바다를 떠나는 바람의 노래가 아름다운 것은
한 번의 눈 맞춤에도 잊혀지지 않을
검푸른 몸짓과

한낱 물거품으로 사라질지라도
끝없이 꿈틀거리고 일렁이는 삶의 물결

홀로 떠가는 달그림자 켜켜이
갈매기의 울음과
파도의 작은 떨림까지 품고 산다

그 겨울이
마냥 추웠다

눈이 내려 준다면

목적지 없이 길을 가다가 어느 이름 없는 한적한
찻집에서 삶의 위안처럼 눈이 펑펑 내려준다면

그리운 사람을 마음껏 그리워하겠지

겨울 호숫가

자맥질하다가 날개를 털어내며
마치 해탈에 이른 듯
바람불면 부는 대로 물결치면 치는 대로
자유롭게 몸을 맡기는 청둥오리 떼

잔잔한 음악처럼 일렁이는 음표
햇빛이 줄을 서듯 반짝이는 물결
불그레한 노을을 바라보며 멍하니 서서
잠시 철새와 노닐다 돌아서는 길

시월의 새벽

귀뚜라미 한 마리 잠을 깨운다
얼떨결에 가을에게 곁을 내주고
여름이 남긴 여운으로 젖은 새벽

바람에 끌려가다 멈춘 마른 낙엽이
이따금씩 정적을 깨우면

잠을 설친 풀벌레의 잠꼬대가 떨구어 놓은
그리움 한 덩이 베고 다시 잠을 부른다

아무리 발버둥 쳐도
빠져나갈 수 없는
늪

그리움으로 지쳐 잠이든 날
그런 무서운
꿈을 꾸었다

휴!
다행이다
꿈이라서

공간

여백을 채울 의미가
떠오르지 않아
그대로
두기로 했다

여백을 채울 의미가 떠오르지 않아
그대로 두기로 했다

이혜옥 詩集
그 겨울이
마냥 추웠다

인쇄 2025년 9월 4일
발행 2025년 9월 10일

———

지은이 이혜옥
발행인 서정환
펴낸곳 신아출판사
주소 전북특별자치도 전주시 완산구 공북1길 16
전화 (063) 275-4000
팩스 (063) 274-3131
이메일 sina321@hanmail.net
출판등록 제465-1984-000004호
인쇄 · 제본 신아문예사

저작권자 ⓒ 2025, 이혜옥
이 책의 저작권은 저자에게 있습니다. 서면에 의한 저자의 허락없이
내용의 일부를 인용하거나 발췌하는 것을 금합니다.

ISBN 979-11-94595-95-3 03810

값 10,000원